Wolf Middendorff
Von Abraham Lincoln bis Melvin Belli

Schriftenreihe
der
Juristischen Gesellschaft zu Berlin

Heft 114

W
DE
G

1989
Walter de Gruyter · Berlin · New York

Von Abraham Lincoln bis Melvin Belli

Amerikanische Strafverteidiger und ihre Prozesse

Von
Wolf Middendorff

Vortrag
gehalten vor der
Juristischen Gesellschaft zu Berlin
am 15. Februar 1989

W
DE
G

1989
Walter de Gruyter · Berlin · New York

Dr. *Wolf Middendorff*
Richter am Amtsgericht a. D.,
Honorarprofessor an der Universität Freiburg i. Br.

CIP-Kurztitelaufnahme der Deutschen Bibliothek

Middendorff, Wolf:
Von Abraham Lincoln bis Melvin Belli : Amerikanische
Strafverteidiger und ihre Prozesse : Vortrag
gehalten vor d. Jur. Ges. zu Berlin am 15. Februar 1989
Wolf Middendorff. –
Berlin ; New York : de Gruyter, 1989.
(Schriftenreihe der Juristischen Gesellschaft zu
Berlin ; H. 114)
ISBN 3 11 012236 7
NE: Juristische Gesellschaft ⟨Berlin, West⟩ : Schriften-
reihe der Juristischen Gesellschaft e. V. Berlin

Einleitung

Der in den zwanziger Jahren in Berlin sehr bekannte Rechtsanwalt Dr. Max Alsberg sprach 1927 in der Juristischen Gesellschaft zu Berlin über „Das Weltbild des Strafrichters" und sagte vom Strafrichter, ihn beseele die Geisteshaltung des Enthusiasmus, der eine Idee verabsolutiere. Außerdem sehe er in einer Strafrechtsnorm „die Eingebung einer höheren sittlichen Inspiration, die den Charakter einer unbedingten Gewißheit hat, einer Glaubensgewißheit, die denn auch gegen jede auf empirischer Grundlage beruhende Kritik immun ist"[1].

Einige Zeit später sprach Alsberg über „die Philosophie der Verteidigung" und sagte, ihr, der Verteidigung, falle die Aufgabe zu, die prinzipielle und allgemeine Problematik der Wahrheits- und Rechtsfindung aufzuzeigen. Der Verteidiger benötige schärfstes logisches Denken; über kritisches Nacherleben fremden Geschehens, fremder Seelenvorgänge gelange er zum Ziel. „Dieser seelische Akt fließt nur aus Künstlerblut, nicht aus den Folianten einer Kriminalpsychologie, die nicht geschrieben worden ist und nie geschrieben werden wird." Die Wertung der einzelmenschlichen Gestalt werde zum intuitiven Erlebnis des Verteidigers, aus dem seelischen Affekt erwachse sein Enthusiasmus, „neben der Freude im Kampf ums Recht Mitstreiter" mit dem Richter zu sein. Im Verteidiger lebe der metaphysische Individualismus des Rechts[2].

In seiner letzten Arbeit spricht Alsberg von der tragischen Grundstimmung, die den Verteidiger den Ablauf des forensischen Geschehens als ein Drama sehen ließe, und weiter davon, daß der Verteidiger, wenn er plädiere, in manchem Sinne ein Schauspieler sei[3].

Alsbergs Äußerungen in den genannten Arbeiten betonen die subjektiven Elemente des deutschen Strafprozesses und treffen sich mit zahlreichen Urteilen über das amerikanische Strafverfahren. Was Alsberg mehr intuitiv beurteilte, wurde in zahlreichen Untersuchungen des „Institute of Motivational Research" in New York bewiesen. Das normale menschliche Verhalten gegenüber jeder Art von Mitteilung ist zu

---

[1] Alsberg, Das Weltbild des Strafrichters, Mannheim u. a. 1930, 22 und 24; siehe auch Sarstedt, Max Alsberg, Ein Deutscher Strafverteidiger, in: Anwaltsblatt, Januar 1978, 7 ff.

[2] Alsberg, Die Philosophie der Verteidigung, Mannheim u. a. 1930, 10, 22, 27, 28, 32.

[3] Das Plädoyer, Anwaltsblatt, Januar 1978, 1 ff.

85 Prozent gefühlsmäßig und nur zu 15 Prozent rational kritisch. Und diese gefühlsmäßigen Reaktionen werden weitgehend von Vorurteilen gesteuert[4].

Im amerikanischen Strafverfahren können sich Subjektivitäten und Emotionen, Rücksichtslosigkeiten und Egoismen freier und offener als im deutschen Strafprozeß entfalten, nicht selten auch gegen die Tradition der Gesetzgebung und gegen bestehendes Recht, die beide im idealistischen Glauben an die Vernunft des Menschen wurzeln.

Im folgenden sollen, im wesentlichen aus amerikanischem Material geschöpft, ein Bild der historisch gewachsenen Situation des amerikanischen Strafprozesses, die Entwicklung des Juristenstandes und die Tätigkeit der Strafverteidiger, insbesondere in bezug auf Leben und Wirken einiger ihrer herausragenden Vertreter gezeigt werden.

Als Kriminologe lege ich in meiner Schilderung das Schwergewicht auf Fakten und beziehe auch sogenannte Anekdoten ein, die oftmals bestimmte Situationen besonders gut treffen und veranschaulichen. Ich weiß, daß im wissenschaftlichen Schrifttum Anekdoten vielfach verpönt sind, dies aber zu Unrecht. Schon Prokop von Caesarea benutzte im 6. Jahrhundert n. Chr. in Byzanz Anekdoten und nannte sie „noch nicht herausgegebene, daher neue und besonders fesselnde Geschichten", und in Berlin berufe ich mich auf Theodor Fontane, der am Ende seines Lebens sein Faible für historische Anekdoten unverblümt gestand: „Historischen Anekdoten habe ich nie widerstehen können. Bin auch jetzt noch der Meinung, daß sie das Beste aller Historie sind. Was tu' ich mit den Betrachtungen? Die kommen von selbst, wenn die kleinen und großen Geschichten, die heldischen und die mesquinen, zu mir gesprochen haben[5]." Nüchtern gesprochen, ist nach Brockhaus die Anekdote „die kennzeichnende, oft witzige kurze Erzählung über Begebenheiten oder Personen", also durchaus solide Charakterisierung.

I. Der amerikanische Strafprozeß

Der amerikanische Strafprozeß ist ein Parteiprozeß, in dem der Staatsanwalt und der Verteidiger unter Aufsicht des Richters wie in einem Duell um den Sieg kämpfen. In der Theorie steht hinter dieser Konstruktion der Gedanke, daß sich aus dem ehrlichen Widerstreit der Fakten und Meinungen der Prozeßgegner gleichsam von selbst die Wahrheit herauskristallisiere, die dann die Jury zu einem gerechten Urteil führt. Voraussetzung

---

[4] Quellen in: Middendorff, Die kriminologische Prognose, Neuwied 1967, 146.
[5] Sichelschmidt, Theodor Fontane, München 1986, 37–38.

dieses Entwicklungsprozesses wäre es, daß beide Gegner ähnlich stark und etwa gleich bestrebt und interessiert sind, ein gerechtes, unparteiisches Urteil zu erlangen. In der Praxis sind die Gegner indessen nur selten gleichrangig beziehungsweise gleich fähig; ein erfahrener Staatsanwalt kann einem Anfänger gegenüberstehen, oder ein Star-Anwalt kann es mit einem unerfahrenen Staatsanwalt zu tun haben. Beide wollen jedenfalls mit fast allen möglichen Mitteln siegen. Die Ungleichheit zwischen den Gegnern beginnt schon damit, daß dem Staatsanwalt alle Machtmittel des Staates und der Polizei zur Verfügung stehen, die ein Staatsanwalt wohl nur selten zugunsten eines Angeklagten nutzen wird. Auf der anderen Seite ist der Angeklagte oft in Untersuchungshaft, kann also keine eigenen Ermittlungen anstellen, und dies muß dann sein Verteidiger tun, der beispielsweise Zeugen ausfindig macht und für diese Zwecke gezwungen ist, einen kostspieligen Stab zu unterhalten, der – natürlich zu Lasten des Mandanten – tätig wird.

In der Hauptverhandlung versuchen dann die Parteien mit ihrer Beweisführung, die Jury zu einem Schuldspruch beziehungsweise zu einem Freispruch zu bewegen.

Die Laiengerichtsbarkeit ist in germanischen Ländern schon eine sehr alte Einrichtung[6]. Mit englischen Auswanderern kam die Institution der Jury nach Amerika und wurde dort von den Kolonisten der englisch besiedelten Territorien übernommen. Die Jury galt in England von alters her als Bollwerk gegen die königlichen Richter und war und ist dazu bestimmt, Recht und Freiheit des Individuums zu schützen.

Nach der Verfassung der USA hat jeder Bürger das Recht, von seinen „peers", also von etwa Gleichgestellten, abgeurteilt zu werden[7]. So ideal diese Bestimmung gedacht ist, so unvollkommen ist in vielen Fällen die Praxis. Angehörige oberer Stände und intellektueller Berufe sind von vornherein von der Bürgerpflicht des Jury-Dienstes ausgenommen; derartige Angeklagte haben also keine „peers".

Die engere Auswahl der zwölf Männer und Frauen, die ehrenwert, vernünftig und in der Lage sein sollen, unparteiisch über Schuld oder Unschuld von Angeklagten zu entscheiden, erfolgt zu Beginn der Hauptverhandlung. Aus dem großen Kreis der präsentierten Laien haben Staatsanwalt und Verteidiger das Recht, eine bestimmte Anzahl ohne Begründung und eine weitere Anzahl mit Begründung abzulehnen. Um sich ein Bild von den Anwärtern zu machen, befragen die Parteien die Laien, z. B.

---

[6] Nachweise bei Middendorff, Der Strafrichter, Freiburg 1963, 10 ff.

[7] Siehe Branham/Kutash, Encyclopedia of Criminology, New York 1949, 205 ff.

darüber, ob sie sich schon eine Meinung über den anstehenden Fall gebildet haben. Wer offen eine dezidierte Meinung äußert, kann auf diesem Wege seine Ablehnung erreichen. Staatsanwalt oder Verteidiger, die sich ihrer Sache nicht sicher sind, versuchen über diese Auswahl, alle „gefährlich" intelligenten Personen auszusondern, um die Jury der emotionalen Beeinflussung um so zugänglicher zu machen. Gleichzeitig versuchen die Parteien, nicht nur ihnen günstig gesonnene Juroren zu gewinnen, sondern auch solche Personen, die in der Lage sind, andere Juroren von ihrer eigenen Meinung zu überzeugen (sogenannte „leading jurors").

Das Ergebnis dieser Auswahl-Prozedur, die zuweilen hunderte von Anwärtern umfaßt und sich über Wochen hinziehen kann, mag sein, wie ein Kritiker schrieb, daß die Jury aus Personen besteht, die weder Zeitungen lesen, noch Radio hören, noch fernsehen, keine Meinungen und Überzeugungen haben, uninformiert sind und auch keine Neugier zeigen[8].

Während der Dauer der Hauptverhandlung, die sich über Wochen erstrecken kann, sind die Angehörigen der Jury oft von ihren Familien und der Öffentlichkeit vollständig abgeschlossen, damit sie fremden Beeinflussungen entzogen werden. Aus den ihnen zugänglichen Zeitungen werden sogar die Berichte ausgeschnitten, die das laufende Verfahren behandeln.

Die nächste wichtige Entscheidung, die ein Verteidiger treffen muß, ist die, ob er den Angeklagten als Zeuge in eigener Sache aussagen lassen soll. Falls er dies tut, wird er die Aussage des Angeklagten mit diesem Frage für Frage und Antwort für Antwort einpauken, was allerdings nicht ausschließt, daß im anschließenden Kreuzverhör der Staatsanwalt dieses Konzept völlig durcheinanderbringt. Ein Angeklagter, der schweigt, kann die Jury gegen sich einnehmen, weil vielen Menschen die Annahme naheliegt, daß ein solcher Angeklagter etwas zu verschweigen hat. Der Ordinarius für Strafrecht an der Harvard Law School, Alan Dershowitz, verteidigte Claus v. Bülow in der Berufungsinstanz. v. Bülow war wegen versuchter Tötung seiner Frau durch Injektionen von Insulin 1982 in Newport, Rhode Island zu 30 Jahren Freiheitsstrafe verurteilt worden. Dershowitz gelang es, die Rückverweisung an das Gericht erster Instanz und später einen Freispruch zu erreichen. In einer Schilderung dieses Verfahrens äußerte Dershowitz, die Entscheidung, ob ein Angeklagter in eigener Sache aussagen solle, sei für den Verteidiger die schwierigste überhaupt. „Bei einem Honorar von 50 000 Dollar stehen 5000 für die

---

[8] Dinneen, Underworld USA, New York 1957, XIII.

Vorbereitung und Durchführung der Hauptverhandlung, die restlichen 45 000 aber für den sachkundigen Rat, ob der Mandant sich einlassen soll oder nicht[9]."

Die gesamten Kosten des Verfahrens Bülow beliefen sich auf etwa 3,5 Millionen Dollar, wovon mehr als die Hälfte auf die Verteidigung entfielen.

Der Ablauf der Hauptverhandlung und besonders der Zeugenvernehmungen geschieht nach starren Beweisregeln, über deren Einhaltung der Richter wacht. Die Beweisregeln sind so formalistisch, „daß sie der Wahrheitsfindung nicht dienen, sondern die Wahrheitsfindung erschweren oder unmöglich machen". So ist z. B. „hearsay evidence" (Beweis vom Hörensagen) unzulässig. Die Auslegungen gehen so weit, daß nach der Auffassung einiger Richter ein Zeuge die Frage nach seinem Alter nicht beantworten darf, weil dies „hearsay evidence" sei[10]. Es leuchtet ein, daß ein tagelanges Kreuzverhör nur von einem Meister dieser mit Fallstricken behafteten Kunst ohne Schaden für den Klienten durchgestanden werden kann, d. h. der größere Meister der Beweisregeln wird gewinnen. Man hat oftmals den Eindruck, daß im amerikanischen Strafverfahren mehr Wert darauf gelegt wird, alle komplizierten Regeln einzuhalten, als die Wahrheit zu ermitteln und den Schuldigen zu bestrafen.

Der bekannte Judge Parker verurteilte am Ende des vorigen Jahrhunderts in Fort Smith, Arkansas, den vielfachen Mörder Cherokee Bill viermal nacheinander zum Tode. Dem jungen Verteidiger Warren Reed gelang es dreimal, eine Aufhebung des Urteils durch den Supreme Court zu erreichen. Cherokee Bill nutzte eine dieser Pausen zu einem Ausbruchsversuch, bei dem er einen Aufseher erschoß. Anläßlich eines Aufschubs der Hinrichtung sagte Judge Parker zu dem Verteidiger: „Mister Reed, ich habe nicht das Recht als Richter, Ihnen zu sagen, was ich jetzt sage, aber ich nehme mir dieses Recht als Jurist. Sie wissen, daß Cherokee Bill ein Mensch ist, der die Instinkte eines Wolfes hat, eine Gefahr für die Gemeinschaft bedeutet, solange er am Leben ist. Gebietet Ihnen Ihr Gewissen nicht, Ihren Bemühungen eine moralische Grenze zu setzen?" – „Ich habe Ihre Worte als Jurist zur Kenntnis genommen, Euer Ehren. Ich bin nicht hier, um den zweifelhaften Begriff der Moral zu vertreten, sondern um meine Prozesse zu gewinnen! Legal, Euer Ehren[11]!"

---

[9] Salditt, Der Fall Bülow – Bericht über eine Strafverteidigung in den USA, Der Strafverteidiger, 2, 1988, 76.

[10] Hirschberg, Das amerikanische und deutsche Strafverfahren, Neuwied 1963, 57 und 59.

[11] Hagen, Faustrecht und Sternenbanner, Bayreuth 1967, 401; siehe auch Shirley, Law West of Fort Smith, New York 1957.

Die Plädoyers bieten Staatsanwalt und Verteidiger die große Gelegenheit, die Jury durch ihre Rhetorik zu beeinflussen, ja, zu manipulieren. Schon die alten Ägypter kannten die Gefahren starker Eloquenz und hatten es deshalb Advokaten verboten, vor Gericht zu plädieren. Sie mußten ihre Plädoyers schriftlich vorlegen[12].

Nach Abschluß der Beweisaufnahme und der Plädoyers erfolgt die Belehrung der Jury durch den Richter. Diese Belehrung erstreckt sich auf die in Frage kommenden Gesetzesbestimmungen, die auf die gefundenen Fakten möglicherweise anzulegen sind. Hierbei darf der Richter nach obergerichtlicher Rechtsprechung keine Meinung äußern; man kann indessen wohl kaum verhindern, daß der Richter durch Miene, Sprache und Körperhaltung seine Auffassung andeutet. Einer der berühmten amerikanischen Strafverteidiger, auf den ich später noch näher eingehen werde, F. Lee Bailey, erinnert in diesem Zusammenhang in einem seiner Bücher daran, daß viele amerikanische Richter wie die Staatsanwälte auch gewählt sind für ihr Amt, was nicht immer für deren beste Qualität bürgt[13].

Die Beratung der Jury dauert unter Umständen sehr lange, weil für Schuldspruch oder Freispruch Einstimmigkeit erforderlich ist. Diese Sachlage mag manchen Verteidiger reizen, dafür zu sorgen, daß es nicht zu dieser Einstimmigkeit kommt, wenn eine Verurteilung droht. Von Bestechungen der Juroren ist in der amerikanischen Literatur nicht selten die Rede, Statistiken über diese Art von Kriminalität gibt es jedoch nicht. Kommt trotz der Ermahnungen des Richters, sich zu einigen, keine Einstimmigkeit zustande, dann wird das Verfahren abgebrochen (hung jury). In zweifelhaften Fällen kommt es vor, daß die Staatsanwaltschaft deshalb einen Angeklagten zunächst wegen einer Tat anklagt und dann, je nach dem Ausgang des Verfahrens, wegen einer anderen Tat erneut anklagt. Sie kann aber auch denselben Fall dem Gericht noch einmal unterbreiten, wenn natürlich auch mit einer neuen Jury. Gegen einen echten, d. h. einstimmigen Freispruch, hat die Staatsanwaltschaft kein Rechtsmittel. Der Richter kann jedoch auch eine freisprechende Entscheidung der Jury außer Kraft setzen, wenn diese Entscheidung durch Betrug zustandegekommen ist. In bestimmten Fällen kann der Richter auch nach einer Verurteilung durch die Jury ein neues Verfahren anordnen.

Der Richter hat die Möglichkeit, gegen die Parteien disziplinarisch einzugreifen; kommt es in der Hauptverhandlung zu Auswüchsen und Exzessen, so steht ihm die Strafbestimmung des „contempt of court" zur

---

[12] Seagle, Weltgeschichte des Rechts, München 1969, 186.
[13] To be a trial lawyer, New York u. a. 1985, 103.

Verfügung, von der vor allem in politischen Prozessen ausgiebig Gebrauch gemacht wurde. Gegen Ende des Zweiten Weltkrieges wurden 30 Personen wegen nationalsozialistischer Umtriebe angeklagt. Die 29 Verteidiger überschütteten in der sich über Monate hinziehenden Verhandlung das Gericht mit einer Unzahl von Verfahrensrügen und Beweisanträgen. Einer der Anträge lautete z. B. auf Vertagung des Prozesses bis zum Kriegsende, damit dann unter anderen Hitler, Göring und Präsident Roosevelt als Zeugen gehört werden könnten. Eine Reihe von Verteidigern erhielt Geld- und Haftstrafen wegen „contempt of court", und alle diese Strafen wurden von höheren Gerichten bestätigt.

In einem anderen Verfahren gegen 11 Mitglieder des Polit-Büros der amerikanischen kommunistischen Partei brachten die Anwälte es fertig, die Auswahl der Jury auf sechs Wochen auszudehnen. In der Beweisaufnahme bezweifelten die Verteidiger die Echtheit des New Yorker Telefonbuches, und ein Beamter der Telefongesellschaft wurde von jedem der elf Verteidiger in ein umfangreiches Kreuzverhör genommen. Fünf der Verteidiger erhielten „contempt of court"-Strafen zwischen 30 Tagen und 6 Monaten, die auch verbüßt wurden[14].

Aus jüngster Zeit wurde ein Fall bekannt, in dem ein Verteidiger in Tacoma, Washington, eine Geldstrafe von 1000 Dollar erhielt, weil er dem Gericht einen falschen Angeklagten präsentiert hatte, um die Zeugen zu verwirren[15].

Abschließend sei erwähnt, daß es in den USA eine reiche Literatur über Fehlurteile gibt; da der Amerikaner im allgemeinen zu starker Selbstkritik neigt, ist diese Literatur mit Vorsicht auszuwerten.

Das Wiederaufnahmerecht ist in den USA nur unzulänglich geregelt, dafür aber greift zuweilen private Initiative ein. Der Kriminalschriftsteller Earl Stanley Gardner, der zuvor Strafverteidiger gewesen war, benutzte einen Teil seiner großen Einnahmen dafür, ein „Gericht der letzten Zuflucht" zu gründen. In Zusammenarbeit mit Gerichtsmedizinern, Privatdetektiven, Kriminologen und Kriminalisten gelang es dem „Court of Last Resort", einer Anzahl unschuldig Verurteilter zur Freiheit zu verhelfen[16].

Die Meinungen über den Wert der Laienbeteiligung an der Strafgerichtsbarkeit sind alles in allem in den USA geteilt, die Kritik ist ebenso alt wie beständig. Ein hoher Richter, Robert Trevor, sagte in seinem Buch

---

[14] Schwinge, Richter und Strafverteidiger in den USA, Deutsche Richterzeitung, Oktober 1976, 300 ff.
[15] Los Angeles Times, 29. 2. 1980.
[16] Gardner, The Court of Last Resort, New York 1954.

„Anatomie eines Mordes": „Die notorische Unberechenbarkeit von
Geschworenengerichten und das Spiel des Zufalls, das damit zusammenhängt, gehört zu den fesselndsten Seiten der Rechtsprechung[17]."

II. Die Stellung des Juristen

In Anbetracht der oft anarchistischen Gewalttätigkeit und des Mangels
an Staatsautorität muß es überraschen, daß von Anbeginn der Geschichte
der USA Gerichte und Richter, besser gesagt alle Juristen, eine besonders
angesehene Stellung einnahmen. Der amerikanische Historiker Commager schrieb: „Es war reichlich seltsam, daß ein Volk, das im Rufe der
Gesetzlosigkeit stand, durch seine Einstellung und sein Verhalten den
tiefsten Respekt vor dem Gesetz bekundete; daß ein Volk, das sowohl das
Gottesgnadentum der Könige wie auch die unbegrenzte Macht gesetzge-
bender Körperschaften abgelehnt hatte, seinen Gerichten einen göttlichen
Nimbus verlieh und die Ausübung der obersten Gewalt überließ[18]."
Schon in den dreißiger Jahren des vorigen Jahrhunderts schrieb Alexis de
Tocqueville: „In Amerika bilden die Juristen die höchste politische Klasse
und die kultivierteste Gesellschaftsschicht... Würde ich gefragt, wo die
amerikanische Aristokratie zu suchen ist, so würde ich ohne Zögern
antworten, daß sie nicht aus den Reichen besteht..., sondern am Richter-
tisch und vor den Gerichtsschranken zu finden ist."
Commager fügte seinen Ausführungen an, das Ansehen, der Wohlstand
und der Einfluß der Juristen gehörten zu den auffallendsten Erscheinun-
gen der amerikanischen Kultur. Die meisten der amerikanischen Präsidenten hatten eine juristische Ausbildung. Im ersten Jahrhundert der amerikanischen Geschichte waren etwa zwei Drittel aller Senatoren, mehr als
die Hälfte aller Abgeordneten des Repräsentantenhauses und mehr als die
Hälfte aller Staatsgouverneure Juristen. Der Kriegsminister des Bürger-
krieges war von Beruf Anwalt, der Marineminister hatte Jura studiert[19].
Der wohl berühmteste Rechtsanwalt des vorigen Jahrhunderts war
Abraham Lincoln (1809–1865). Lincoln hatte viele Jahre eine Praxis als
kleiner Landanwalt in Springfield, Illinois. Man kannte zu jener Zeit im
„Westen" noch keine festen Gerichte; die Verhandlungen wurden inner-
halb des „Eight Judicial Circuit" im Umherziehen durchgeführt. Jahr-
zehnte später schrieb Lincolns Juniorpartner Herndon über die Abende
dieser Gerichtstage: „So ging das Geschichtenerzählen, das Gelächter und
Scherzen bis ein oder zwei Uhr nachts, Abend für Abend, bis das Gericht

---

[17] Berlin 1959, 45.
[18] Commager, Der Geist Amerikas, Zürich 1952, 462.
[19] Commager a. a. O., 464.

sich vertagte. Morgens waren wir alle ganz krank vom Lachen, Richter, Anwälte, Geschworene und Zeugen ... es war eine fröhliche Zeit ... es war die Art, wie wir alten Westleute unsere Tage hinbrachten[20]."

Als Rechtsanwalt verdiente sich Lincoln seinen Beinamen „der ehrliche Abe". Er riet immer zur Versöhnung und sagte z. B.: „Weisen Sie sie (die Klienten) darauf hin, daß der nominell Gewinnende oft der Verlierende ist, er verliert Geld in Honoraren, Ausgaben und außerdem seine Zeit. Als Friedensstifter hat der Jurist die viel bessere Möglichkeit, sich als ein guter Mensch zu erweisen. Wir werden immer noch genug Arbeit haben, reizen Sie die Leute nie zu einem Prozeß. Etwas Schlimmeres kann man kaum tun[21]."

Im Mai 1858 übernahm Lincoln eine Strafverteidigung, die ihm großes Ansehen brachte. Der Sohn einer Frau, die Lincoln oft zum Essen eingeladen hatte und seine Socken und Hosen flickte, war wegen Mordes angeklagt. Er sollte nachts auf der Straße, zusammen mit einem Freund, einen anderen Freund überfallen und getötet haben. Lincoln verlangte kein Honorar für die Verteidigung. Mit Hilfe eines Kalenders stellte er in der Verhandlung fest, daß der Belastungszeuge den Überfall gar nicht gesehen haben konnte, da es eine dunkle Nacht ohne Mondschein gewesen war. Vor den Geschworenen sprach Lincoln ruhig, besonnen und offen und erzählte ihnen, daß er den Angeklagten schon in der Wiege geschaukelt habe; dieser sei unfähig, einen Mord zu begehen. Ein anderer Rechtsanwalt, der bei der Verhandlung anwesend war, schrieb später, er habe Tränen in Lincolns Augen bemerkt, „aber sie waren echt ... seine leidenschaftliche Anteilnahme konnte bei den Geschworenen nur das gleiche Gefühl hervorrufen". Der Angeklagte wurde freigesprochen[22].

Ein anderer bedeutender Jurist in der Frühzeit der USA war Daniel Webster (1782–1852), der es bis zum Außenminister brachte. 1830 wurde er mit der Vertretung der Anklage in einem Mordprozeß in Salem, Massachusetts, beauftragt und erreichte das Todesurteil. Sein glänzendes Plädoyer ist in „The World of Law – The Law as Literature" nachzulesen[23].

Es gab in der amerikanischen Geschichte indessen auch andere Urteile über den „lawyer". Da Juristen häufig unbequeme Fragen stellen, in nüchterner Weise Gesetze anwenden wollen und gegenüber Ideologien meist mißtrauisch sind, sich zudem zuweilen allzu sehr für ihren eigenen

---

[20] Görlitz, Abraham Lincoln, Heidelberg o. J., 38–39.
[21] Bruce, Von Washington bis Lincoln, Frankfurt 1959, 454.
[22] Thomas, Abraham Lincoln, Wiesbaden 1955, 164–165.
[23] Hrsg. von E. London, New York 1966, 406 ff.; siehe auch: Daniel Webster Reader, hrsg. von Rothe, New York 1956.

14

Vorteil engagieren, haben sie oft einen schlechten Ruf. Nach Revolutionen wie z. B. in Frankreich 1789 und in Rußland 1917 hatte man den Beruf des Rechtsanwalts zunächst abgeschafft, sah sich aber bald schon gezwungen, ihn wieder einzuführen, da ein neues Regime neue Gesetze und deren Ausleger benötigte. Vor der amerikanischen Revolution erklärten die Regulatoren von North Carolina, Juristen seien eine Plage, eine Generation später gab es in Kentucky eine Partei der Juristengegner, 1641 erging in Massachusetts ein Gesetz, nach dem ein Kläger seine Sache vor Gericht selbst vortragen könne, und daß er, wenn er Rechtsbeistand benötige, seinem Anwalt kein Honorar geben dürfe. In der amerikanischen Folklore kennt man den alten Spruch: Why does a hearse horse snicker hauling a lawyer away? (Warum kichert das Pferd vor einem Leichenwagen, wenn es einen lawyer zu Grabe zieht?) Ein ähnliches Sentiment drückte sich in einer Gallup-Umfrage Anfang der sechziger Jahre unseres Jahrhunderts aus; lawyer standen in der öffentlichen Achtung unter den Medizinern und Theologen und sogar unter den Ingenieuren und Pädagogen[24].

Diese sich kraß gegenüberstehenden Beurteilungen liefen in der amerikanischen Geschichte stets nebeneinander her, wobei zunächst die positive Beurteilung sehr stark überwog und sich in der Gegenwart, jedenfalls soweit es den Strafverteidiger betrifft, das Schwergewicht mehr der negativen Bewertung zuzuneigen scheint. Diese Veränderung hängt mit der großen Wandlung zusammen, die der Beruf des Juristen und insbesondere der des Rechtsanwalts im letzten Jahrhundert durchgemacht haben. Früher war der Anwalt der Vertraute der Familie, der in allen Angelegenheiten zu Rat gezogen werden konnte und der für Generationen von Amerikanern ein Vorbild an Zuverlässigkeit und Verschwiegenheit war. Seine Stellung in der Gesellschaft war deshalb eine einzigartige, war er doch, da es noch keine Psychologen und Sozialarbeiter gab, der einzige Sachverständige auf dem Gebiet der „human relations"[25]. In den letzten Jahrzehnten ist die Spezialisierung des Rechtsanwaltsberufes immer stärker fortgeschritten, und der Beruf hat einen mehr kaufmännischen Charakter angenommen. Viele Anwälte schlossen sich zu großen Firmen zusammen, die bis zu hundert Mitarbeiter und Angestellte haben. 1948 betrug das durchschnittliche jährliche Nettoeinkommen des selbständig praktizierenden Anwalts 5759 Dollar, während der Anwalt in einer großen Anwaltsfirma mit neun oder mehr Angehörigen 27 246 Dollar

---

[24] Botein/Gordon, The Trial of the Future, New York 1963, 128–129; Kornstein, Thinking under Fire, New York 1987, 5.
[25] Botein/Gordon a. a. O., 125 ff.

einnahm. Es sei daran erinnert, daß Lincoln jährlich zwischen 2000 und 3000 Dollar verdiente.

Mit dieser Wandlung des Berufs ist auch eine Flucht aus den Gerichten und dem Strafrecht verbunden. Der moderne amerikanische Rechtsanwalt sitzt in seinem Büro und lehnt es, wenn möglich, ab, Strafsachen zu übernehmen. Die einträglichste Praxis, die die besten Juristen anzieht, ist die des Beratungsanwalts für Korporationen, Gewerkschaften und ähnliche Institutionen. „Der mutige und farbige Kämpfer der Hauptverhandlung wurde durch die sichere Farblosigkeit des Geschäftsmannes ersetzt, der die Tätigkeit als finanziell unergiebig ansehen würde[26]."

III. Die Strafverteidiger

Der ehemalige Chief Justice Warren Burger äußerte einmal, Amerika sei fasziniert, ja hypnotisiert durch die Vorgänge in Gerichtssälen, wozu sicherlich die Massenmedien beigetragen haben. Die großen Advokaten, insbesondere die Strafverteidiger, werden die „Heroen der Rechtsgeschichte" genannt[27]. Dies gilt um so mehr, wenn Strafverteidiger nicht nur ihre Kunst und ihr Können, sondern sogar auch ihr Leben einsetzen.

Die amerikanische Geschichte kennt viele Beispiele, daß Strafverteidiger sich in Erfüllung ihrer Aufgabe der öffentlichen Meinung entgegengestemmt haben, auch auf die Gefahr hin, von einem wütenden Mob gelyncht zu werden. John Adams, der später zweiter Präsident der Vereinigten Staaten wurde, verteidigte 1770 in Boston acht englische Soldaten, die des Mordes angeklagt waren[28]. Sie hatten in einen angreifenden Mob geschossen und drei Zivilisten getötet, was dann als das „Boston Massacre" in die Geschichte eingegangen ist[29]. John Adams gelang es zunächst, für die Jury Leute zu gewinnen, die nicht in Boston selbst ansässig waren. Dann gelang es ihm durch seinen mutigen Einsatz und sein bewegendes Plädoyer, für sechs der Angeklagten einen Freispruch zu erreichen, die zwei anderen wurden des Totschlags für schuldig befunden. Bevor sie verurteilt werden konnten, berief sich Adams auf das uralte Gewohnheitsrecht des „benefit of clergy", das anfänglich nur Geistliche von der weltlichen Rechtsprechung ausnahm und 1706 auf alle Angeklagten ausgedehnt wurde, wobei der Anwendungsbereich auf weniger

---

[26] Botein/Gordon a. a. O., 145.
[27] Kornstein a. a. O., 13 und 8.
[28] Kornstein a. a. O., 57 ff.
[29] Zobel, The Boston Massacre, New York 1971.

Delikte beschränkt wurde[30]. Die zwei Soldaten wurden in Anwendung dieses Rechtes nicht bestraft, sondern „nur" am Daumen gebrandmarkt und dann in die Freiheit entlassen. John Adams verließ mit seiner Frau den Gerichtssaal: „Die Zuschauer wichen nicht gerade direkt, wohl aber innerlich zurück, um den Adams Platz zu machen. Niemand sprach ein Wort. Niemand lächelte... Auch die Adams waren gebrandmarkt worden[31]." Später anerkannte die Bevölkerung Bostons den Mut von Adams, und man wählte ihn in das Abgeordnetenhaus von Massachusetts[32].

Sam Leibowitz, Sohn armer rumänischer Einwanderer und zu seiner Zeit einer der bekanntesten Strafverteidiger in New York, verteidigte Anfang der dreißiger Jahre unseres Jahrhunderts neun Schwarze im Alter zwischen 13 und 21 Jahren, die sogenannten Scottsboro-Boys, in Alabama vor einer Jury, die nur aus weißen Männern bestand. Den Angeklagten wurde Notzucht an zwei weißen Prostituierten zur Last gelegt; die Beteiligten waren mit einigen anderen jungen Männern, Weißen, in einem Viehwagen der Eisenbahn getrampt. In einer von mehreren Hauptverhandlungen nahm eine der beiden Zeuginnen ihre belastende Aussage zurück und erklärte, sie hätte diese nur gemacht, um selbst einer Strafe wegen Landstreicherei zu entgehen. Andere Beweismittel als die Aussage der zweiten Zeugin waren nicht vorhanden. Der Staatsanwalt versuchte in seinem Plädoyer, die Leidenschaften und Vorurteile der Jury für sich nutzbar zu machen und schloß mit dem Satz an die Jury: „Zeigen Sie ihnen, daß sich die Gerechtigkeit in Alabama vom jüdischen Mammon aus New York nicht kaufen und bezahlen läßt." Leibowitz nannte die Argumente des Staatsanwalts einen Appell an Vorurteile, Sektierertum und Bigotterie. „Zum jüdischen Mammon aus New York lassen Sie mich dies sagen: ich bekomme nicht einen Pfennig Honorar für diesen Prozeß, nicht einen Pfennig für meine Auslagen und die meiner Frau, die hier mit mir lebt". Leibowitz sprach vier Stunden lang zu einer Jury, die mit versteinertem Gesicht dasaß. Sie bejahte die Schuldfrage, und acht der neun Angeklagten wurden zum Tode auf dem elektrischen Stuhl verurteilt, einer erhielt eine Freiheitsstrafe. Das Gerichtsgebäude war von Nationalgardisten umstellt, hinter denen eine aufgehetzte Menge tobte. In seinem Hotel mußte Leibowitz von Polizei geschützt werden.

Der Richter hatte versucht, ein möglichst objektives Verfahren durchzusetzen; als er sich zwei Jahre später zur Wiederwahl als Richter stellte,

---

[30] Siehe: Marke, Vignettes of Legal History, South Hackensack, N.J. 1965, 269 ff.

[31] Stone, Das Leben gehört den Liebenden, München 1967, 218.

[32] Bruce a.a.O. (Anm. 21), 69.

wurde er als „Negerfreund" geschmäht und abgelehnt. Er starb, tief verbittert, einige Jahre später[33]. Heute steht unbestritten fest, daß alle Angeklagten unschuldig waren, nichtsdestotrotz verbüßten sie lange Freiheitsstrafen; der letzte Überlebende, der 15 Jahre im Zuchthaus gewesen war, starb, 76jährig, im Februar 1989 in New York.

Natürlich gibt es auch unter den Strafverteidigern solche, die sich wenig rühmenswert verhalten haben. Einige Beispiele seien angeführt.

Dan Sickles war ein berühmter Anwalt in New York. 1859 erschoß er in Washington D. C. den Liebhaber seiner Frau. Er meldete sich beim Generalstaatsanwalt, der aber zögerte, ihn in Haft zu nehmen. Im Gefängnis wurde er später von Kabinettsmitgliedern besucht, die ihn dazu beglückwünschten, daß er seine Ehre so erfolgreich verteidigt habe. Selbst Präsident Buchanan versicherte ihn seines Wohlwollens. Im Strafverfahren, das drei Wochen dauerte und in dem Sickles von dem späteren Kriegsminister Stanton verteidigt wurde, berief sich der Angeklagte auf das ungeschriebene Gesetz der Ehre, das ihm erlaubt, ja, das ihn verpflichtet habe, den Schänder seiner Familienehre zu erschießen. Vorsichtshalber machte er aber auch Unzurechnungsfähigkeit zur Zeit der Tat geltend. Sickles wurde freigesprochen. Er wurde dann noch General im Bürgerkrieg und später Botschafter in Spanien. Als Liebhaber der spanischen Königin Isabella II. nannte man ihn „le roi américain de l'Espagne"[34].

1897 wurde in West Virginia ein Mr. Kimes, der auf den Liebhaber seiner Frau geschossen und ihn verwundet hatte, zu einer Geldstrafe und einem Tag Gefängnis verurteilt. Der Gouverneur des Staates, ein Jurist, erließ dem Verurteilten die Geldstrafe mit der Bemerkung, er bedauere in dieser Sache lediglich, daß der Verletzte nicht getötet worden sei. „Ich erlasse die Geldstrafe und die Kosten mit mehr Vergnügen, als mir die englische Sprache auszudrücken erlaubt. Kimes tat, was jeder Mann unter diesen Umständen getan hätte[35]."

Am 21.2.1944 erschoß in Washington D. C. der Rechtsanwalt und Strafverteidiger Miller den Arzt Dr. Lind, den Liebhaber seiner Frau, auf offener Straße. Im Strafverfahren erklärten drei Psychiater Miller für unzurechnungsfähig, zwei behaupteten das Gegenteil. Miller machte Notwehr geltend und wurde freigesprochen. Zwei Tage später trat er wieder als Strafverteidiger auf[36].

---

[33] Reynolds, Ich bitte um Freispruch, Berlin o. J., 217 ff.
[34] Boswell/Thompson, Advocates of Murder, New York 1962, 11 ff.
[35] Reid, An American Judge, New York 1968, 190–191.
[36] Prettyman, Death and the Supreme Court, New York 1961, 132–133.

Eine zeitlang gab es in New York die Anwaltsfirma Hummel und Howe, die in besonders schlechtem Ruf stand. Die beiden Rechtsanwälte gewannen viele Freisprüche in Mordsachen; sie hatten eine Anzahl berufsmäßiger Zeugen zur Verfügung, die jederzeit bereit waren, Alibis zu geben, wenn nur die Klienten genug Geld hatten. Außerdem war es üblich, Geschworene zu bestechen[37].

Von den Zeiten der Prohibition bis in die Gegenwart bedienen sich Organisationen des berufsmäßigen Verbrechens wie die Mafia und die Cosa Nostra ihrer „Hausanwälte", um jede Störung der Geschäfte zu vermeiden oder zu beseitigen. Ein derartiger Gangster-Anwalt war Joe Devlin; zu ihm kam eines Tages der Kassierer einer Bank und sagte ihm, daß er 20000 Dollar unterschlagen habe. Am folgenden Tag drohe eine Kassenrevision, und er bitte um Rat. Devlin dachte einen Augenblick nach und fragte dann, ob der Kassierer ihm bis zum Abend weitere 180000 Dollar bringen könne. Erstaunt fragte dieser, was das solle, und Devlin antwortete: „Alle Geldbeträge sind, wie alles andere im Leben auch, relativ. 20000 Dollar sind viel Geld, wenn man sie allein für sich betrachtet, aber im Vergleich zu 200000 Dollar ist es nicht soviel... Wenn Sie mit weiteren 180000 Dollar zu mir kommen, werden Sie insgesamt 200000 Dollar unterschlagen haben. Morgen werde ich dann den Präsidenten Ihrer Bank anrufen, sagen, daß ich Sie vertrete, daß Sie schuldig sind, 200000 Dollar unterschlagen zu haben, und daß ich von diesem Betrag 160000 Dollar zurückerstatten kann, wenn die Bank von einer Anzeige absieht." „160000?" fragte der Kassierer. Devlin nickte: „Ich habe auch ein Honorar zu bekommen. Ich bin ein Anwalt und kein Menschenfreund." Es spielte sich alles so ab wie geplant, und Devlin gab von den ihm zugefallenen 20000 Dollar noch 2000 an den Kassierer ab, damit dieser mit seiner Familie an einem anderen Ort ein neues Leben anfangen könnte[38].

Der wohl umstrittenste Strafverteidiger und Politiker seiner Zeit war Aaron Burr (1756–1836). Burr kam aus einer Pfarrersfamilie in Neu-England und war schon mit 21 Jahren Oberst und Regimentskommandeur im Kampf gegen die Engländer. 1783 wurde er als Rechtsanwalt zugelassen, hatte zunächst in Albany und dann in New York eine blühende Praxis und genoß bald den Ruf, niemals einen Prozeß zu verlieren. 1789 war Burr Generalstaatsanwalt des Staates New York, 1801 wurde er Vizepräsident der Union. Sein Aufstieg war nicht unverdient, war er doch „ein schlauer, einfallsreicher Rechtsanwalt, ein Meister

---

[37] LeBrun, Call me if it's Murder, New York 1965, 109 ff.
[38] Dinneen a. a. O., 14–16.

politischer Führung, für Männer gewinnend und für Frauen unwidersteh-
lich; von einnehmendem Wesen, stoisch in seiner Veranlagung, aus-
schweifend, großzügig und verschwenderisch..." Fast wäre er Präsident
der Vereinigten Staaten geworden[39]. Wendepunkt seiner Laufbahn war
sein Duell mit Alexander Hamilton, bei dem Hamilton schwer verwundet
wurde und am folgenden Tage starb. Burr mußte New York verlassen und
trug sich wohl später mit Plänen, westlich des Mississippi einen neuen
Staat unter seiner Herrschaft zu gründen. Er wurde wegen Hochverrats
angeklagt, jedoch 1807 in Richmond, Virginia, freigesprochen. Anschließend lebte er vier Jahre in Europa und brachte dann noch einmal in New
York seine Anwaltspraxis zu kurzer Blüte.

IV. Sechs berühmte Verteidiger

Den im folgenden im einzelnen gewürdigten Persönlichkeiten ist die
Herkunft aus eher einfachen Verhältnissen gemein. Nach schwerer Jugend
hatten sie in der Regel nur eine geringe juristische Vorbildung und auch in
den Jahren der praktischen Tätigkeit nur wenig Interesse am Strafrecht –
dafür aber um so mehr am Strafverfahrensrecht –, und sie waren glän-
zende Menschenkenner, rücksichtslos im Einsatz für ihre Mandanten,
selbst mit illegalen Mitteln, und sie konnten auf diese Weise große
Erfolge, d.h. hohe Zahlen von Freisprüchen und erhebliche finanzielle
Gewinne erreichen.

1. Clarence Darrow (1857–1938)

Von vielen Fachleuten wird Clarence Darrow als der größte und
berühmteste Strafverteidiger der USA angesehen[40]. Darrow war ein Auto-
didakt, der schon mit 21 Jahren nach einem einjährigen Universitätsstu-
dium und einem zweiten praktischen Jahr als Rechtsanwalt zugelassen
wurde. Darrow war ein Idealist, der mit großem Mut auch unangenehme
und gefährliche Strafverteidigungen übernahm. Im Verlauf von rund
fünfzig Jahren gelang es ihm, 102 Angeklagte vor dem elektrischen Stuhl
zu bewahren. Mehrmals in seinem Leben mußte er ganz von vorne wieder
anfangen, und er warf noch mit 67 Jahren 1924 seine ganze Existenz in
die Waagschale, um in Chicago zwei Mörder vor der Todesstrafe zu
retten. Die Millionärssöhne Nathan Leopold und Richard Loeb, 17 und

---

[39] Bruce a.a.O., 122.
[40] Siehe Kornstein a.a.O., 107 ff.; Stone, Clarence Darrow for the Defense,
New York 1958; Tierney, Darrow: A Biography, New York 1979; Darrow, The
Story of my Life, New York 1960.

18 Jahre alt, hatten einen 14jährigen Jungen getötet, um das Erlebnis eines Mordes zu erforschen und zu genießen. Darrow verzichtete in diesem Prozeß auf die Mitwirkung einer Jury, weil er glaubte, diese würde mit Sicherheit ein Todesurteil aussprechen – was in einigen Staaten der USA auch Aufgabe der Jury ist –, und er unterwarf sich allein dem Urteil des Richters, dem er mehr Objektivität zumaß. Darrows Plädoyer dauerte zwei Tage und wirkte dermaßen auf die Menschen, die es hörten, daß viele, einschließlich des Richters, weinten. Die Angeklagten wurden tatsächlich nicht zum Tode, sondern zu Freiheitsstrafen von lebenslänglich plus 99 Jahren verurteilt. Zu dieser Zeit war Darrow wohl der bestgehaßte Mann in Chicago, und man warf ihm vor, er verrate die Sache des kleinen Mannes, für die er bisher sein ganzes Leben gekämpft habe.

Ein Jahr später trat Darrow in dem sogenannten Affenprozeß in Dayton, Tennessee, auf. In diesem Staat war ein Gesetz erlassen worden, das jedem Lehrer untersagte, eine Abstammungslehre zu vertreten, die dem in der Bibel ausgesprochenen göttlichen Schöpfungsakt des Menschen widerspreche. Mit diesem Gesetz sollte insbesondere die Abstammungslehre von Darwin getroffen werden. Ein Lehrer, Scopes, willigte ein, absichtlich die Darwinsche Lehre zu lehren, um dann angeklagt zu werden, was auch sehr rasch geschah. Die öffentliche Meinung in den USA wies darauf hin, daß es in diesem Prozeß um das Prinzip der Meinungsfreiheit gehe. Ein bekannter Politiker, William Jennings Bryan, stellte sich als Wortführer der Strenggläubigen (Fundamentalisten) der Anklagebehörde zur Verfügung, während Clarence Darrow unentgeltlich die Verteidigung von Scopes übernahm, da er das Gesetz von Tennessee als einen Angriff religiöser Fanatiker auf das gesamte amerikanische Erziehungssystem ansah. Der Prozeß erregte ungeheures Aufsehen und zog sich über viele Tage hin. Höhepunkt der Hauptverhandlung war der Zweikampf zwischen Bryan und Darrow; Bryan stellte sich selbst als Zeuge zur Verfügung und ließ sich von Darrow vernehmen. Es ging im wesentlichen um die wörtliche Auslegung der Bibel, und Darrow fragte Bryan z. B.: „Wenn man nun liest, Jona habe den Walfisch verschlungen – oder richtiger: der Walfisch habe Jona verschlungen – wie legen Sie eine solche Stelle nun wörtlich aus?" Über die Auslegung, ob der Fisch ein Walfisch gewesen sei oder nicht, stritt man sich nun ebenso wie über die Zeitspanne, die Jona im Magen des Fisches verbracht habe. Auf die Frage Darrows, ob Bryan die Geschichte von der Sintflut wörtlich nehme, antwortete dieser „Ja". Der Angeklagte Scopes war eigentlich die am wenigsten wichtige Person im Gerichtssaal; er wurde schließlich zu einer Geldstrafe von 100 Dollar verurteilt, im Berufungsverfahren wurde das Urteil aufgehoben. Die amerikanische Öffentlichkeit schrieb es dem Auftreten Darrows zu, daß ähnliche

Gesetze wie das Abstammungsgesetz von Tennessee in anderen Staaten der USA gar nicht erst erlassen wurden.

Für die Auswahl einer Jury hatte sich Darrow ein eigenes System erarbeitet. In einer Rede in Chicago sagte er hierzu folgendes: „Laienrichter verurteilen selten jemanden, den sie schätzen, oder sprechen selten jemand frei, den sie nicht mögen. Die Hauptarbeit des Verteidigers besteht darin, die Jury dahin zu bringen, daß sie einen Mandanten gern hat oder zumindest Sympathie für ihn bekommt; die Tatsachen bezüglich des Verbrechens sind relativ unwichtig. Ich versuche, Laienrichter zu bekommen, die möglichst wenig Bildung und möglichst viel Emotion haben. Iren sind immer die besten Laienrichter für den Verteidiger. Ich möchte keinen Schotten haben, denn er hat zu wenig menschliches Gefühl. Ich wünsche keinen Skandinavier, denn er hat zuviel Achtung vor dem Gesetz. Im allgemeinen wünsche ich mir keinen religiösen Menschen, denn er glaubt an Sünde und Strafe. Man sollte auch reiche Menschen meiden, weil sie einen großen Respekt vor dem Gesetz haben, das sie selbst machen und anwenden... Der Mensch, der wenig Glück und viel Schwierigkeiten im Leben hat, der sich mehr oder weniger als Versager fühlt, ist viel freundlicher gegenüber einem Armen und Unglücklichen als die Reichen und Selbstsüchtigen."

Bei anderer Gelegenheit äußerte Darrow: „Sieh zu, daß Du die richtigen Leute in der Jury-Box hast, alles andere ist Schaukampf." Darrow akzeptierte selten einen Deutschen oder Schweden für eine Jury; er hielt die Deutschen für zu starrköpfig und die Schweden für zu eigensinnig. Nach seiner Auffassung bestand die perfekte Jury aus sechs Iren und sechs Juden. „Gebt mir diese Kombination als Jury, und ich bekäme Judas Ischariot mit einer Geldstrafe von 5 Dollar frei." Im allgemeinen bevorzugte Darrow ältere Laienrichter vor jüngeren. Er glaubte, daß ein älterer Mensch gegenüber den Fehlern anderer nachsichtiger sei. Was die Berufe der Laien anging, so bevorzugte Darrow eine möglichst weite Palette; auch sonst versuchte er, eine möglichst große Mischung menschlicher Eigenschaften in einer Jury zu bekommen. Wenn er, beziehungsweise seine Detektive, ermittelt hatten, daß z. B. ein Laienrichter einen Körperschaden hatte oder beispielsweise ein leidenschaftlicher Angler war, dann stellte Darrow die entsprechenden Schäden oder Eigenschaften seines Mandanten sorgfältig heraus, um damit wenigstens eine Stimme für sich zu gewinnen. Bezüglich der Religionszugehörigkeit von Laienrichtern bevorzugte Darrow Methodisten, weil er annahm, daß deren religiöse Gefühle am besten in solche von Menschenliebe und Wohltätigkeit umgelenkt werden könnten. Er warnte vor Presbyterianern, weil sie zu genau Recht von Unrecht zu unterscheiden vermöchten und selten einen „Gerechten" fänden. Lutheraner waren nach seiner Anschauung fast immer gewillt zu verurteilen.

In Hauptverhandlungen betrieb Darrow hauptsächlich Sympathiewerbung, die so weit ging, daß er das Ergebnis der Beweisaufnahme völlig ignorierte und mit einer Taktik der Erschöpfung aller Beteiligten stundenlang mit Strömen von Tränen plädierte, die sicherlich zu einem Teil sogar echt waren.

Wenn Darrow eindeutig schuldigen Angeklagten zum Freispruch verholfen hatte, rechtfertigte er dies vor sich und anderen damit, daß das ganze System der Justiz eben unvollkommen sei und Jury und Richter die eigentlichen Probleme wie das der Willensfreiheit ohnehin nicht verstehen könnten.

Als Darrow 1938 in Chicago starb, sagte ein Richter an seinem Grabe: „Im Herzen Darrows war unendliches Mitleid und viel Barmherzigkeit mit den Armen, den Unterdrückten, den Schwachen und Irrenden – mit allen Rassen, allen Farben, allen Glaubensbekenntnissen, allen Arten von Menschen. Clarence Darrow ebnete den Weg für die Menschen. Er predigte nicht Doktrinen, sondern Liebe und Mitleid, die einzigen Tugenden, die diese Welt besser machen können[41]."

2. Earl Rogers (1870–1922)

Clarence Darrow nannte einmal Earl Rogers – vor ihrem späteren großen Streit – den größten amerikanischen Strafverteidiger[42]. Rogers wurde 1870 in Buffalo, New York, geboren und kam mit seinen Eltern schon früh nach Kalifornien. Wie viele andere große amerikanische Rechtsanwälte besuchte auch er kaum eine Universität, sondern erwarb seine juristischen Kenntnisse in einer Anwaltskanzlei. Nach einem mündlichen Examen vor einem Ausschuß von Richtern wurde er in Los Angeles zur Anwaltschaft zugelassen. Schon in seinen dreißiger Jahren nannte man ihn den besten Strafverteidiger der Westküste.

Einer der spektakulärsten Auftritte von Rogers geschah anläßlich seiner Verteidigung des Angeklagten Cole, dem zur Last gelegt wurde, im Streit einen Mann erschossen zu haben; Cole selber behauptete, der Hauptbelastungszeuge sei der Täter gewesen. An der Schußwaffe fanden sich die Fingerabdrücke des Zeugen. Der Belastungszeuge sagte nun aus, Cole habe erst das Opfer erschossen und dann mit der Waffe auf ihn, den Zeugen, gezielt. Er sei jedoch ganz ruhig geblieben. Cole habe dann die Waffe weggeworfen, und er, der Zeuge, habe sie aufgenommen, und daher stammten die Fingerabdrücke. Von diesem Augenblick an folgte Rogers,

---

[41] Weinberg, Anwalt der Verdammten, Stuttgart 1963, 12–13.

[42] Siehe Kornstein a. a. O., 123 ff.; Cohn/Chisholm, Take the Witness!, New York 1964; Rogers St. John, Final Verdict, New York 1962.

wie es schien, nicht mehr dem Lauf der Hauptverhandlung. Er machte
allmählich auf alle im Saal Anwesenden einen seltsamen, etwas gestörten
Eindruck, bis er plötzlich mit einem wilden Gesichtsausdruck aufsprang,
aus seiner Aktentasche eine Pistole riß und damit auf den Staatsanwalt
anlegte, der sofort hinter seinem Pult verschwand und dabei noch stürzte.
Dann richtete er die Waffe auf die Jury und schrie dabei so laut, daß die
Laienrichter überstürzt versuchten, aus dem Saal zu fliehen. Der Richter
duckte sich hinter seinem Tisch und rief von dort, Rogers solle gefälligst
die Waffe einstecken. Dieser war mit einem Schlage wieder ruhig, ver-
beugte sich vor dem wieder auftauchenden Richter und sagte: „Euer
Ehren, ich wollte nur zeigen, daß der Zeuge gelogen hat; niemand, auf den
eine Waffe gerichtet ist, verhält sich so ruhig, wie der Zeuge behauptet
hat." Der Angeklagte wurde freigesprochen.

Rogers' umstrittenste Verteidigung war wohl die seines Mandanten
McComas. McComas war angeklagt, seine Geliebte erschossen zu haben.
Er behauptete, die Frau habe ihm in einem Ausbruch von Eifersucht aus
einer Tasse Säure ins Gesicht geschleudert, er habe gar nicht gewußt, wer
ihn da so plötzlich angegriffen habe, habe seine Schußwaffe gezogen und
auf den Angreifer gefeuert. Rogers' Verteidigung ging dahin, der Angeklagte habe als ein Mann, der ständig mit Schußwaffen umgehe, in einem
automatischen Reflex gehandelt und habe in Notwehr geschossen. Schon
bald gingen in Los Angeles Gerüchte um, McComas habe sich selbst die
Säure ins Gesicht geschüttet, um dem Todesurteil zu entgehen, und
Rogers habe ihm dazu geraten bzw. selbst dem Angeklagten die Verlet-
zung durch die Säure beigebracht. Rogers' Tochter Adela schreibt in
ihrem Buch, sie sei anwesend gewesen, als McComas ihren Vater angeru-
fen habe. Dieser habe McComas ruhig und klar das folgende gesagt: „Es
ist gut, daß sie die Säure auf Dich schleuderte, mein Freund, andernfalls
würden sie Dich hängen. Keine Jury würde es als Entschuldigung anneh-
men, daß man nur auf eine solche Bedrohung hin schießen würde. Man
könnte ja zur Seite springen oder die Angreiferin überwältigen und ihr das
Gefäß aus der Hand schlagen." Rogers habe mit den Worten geschlossen:
„Geh' nach Hause, dann ruf' die Polizei, sage nichts aus und ruf' mich an,
ich werde dann sofort kommen."

Hauptzeugin der Verteidigung war die Schwester von McComas, die
man angeblich in Arizona gefunden hatte. Sie erzählte eine dramatische
Geschichte über das Schicksal der Familie des Angeklagten, die von
Indianern niedergemetzelt worden sei, und sie berichtete eine ebenso
schaurige Geschichte, wie der Angeklagte bei einer Bohrung verletzt
worden war und das Augenlicht auf einem Auge verloren hatte. Rogers'
Tochter Adela merkt an, niemand habe die Zeugin nach ihren Personalien
gefragt und nachgeprüft, ob sie auch wirklich die Schwester des Ange-

klagten sei. Neben ihr ließ Rogers eine Reihe von Charakterzeugen paradieren und ließ schließlich – als Höhepunkt – den Angeklagten vor der Jury seinen Gesichtsverband abnehmen und seine Verbrennungen zeigen. Die Jury war beeindruckt und konnte sich über viele Stunden nicht einigen, wurde aber schließlich beim Stand von 10 : 2 zugunsten des Freispruchs vom Richter entlassen. McComas wurde noch einmal angeklagt, und diesmal gelang es Rogers, einen Freispruch zu erreichen.

In erfolgreichen Jahren verdiente Rogers mehr als 100 000 Dollar jährlich. Zeitweise arbeitete er in San Francisco und erhielt auch verlockende Angebote, nach New York zu gehen; er zog es aber vor, in seinem gewohnten Milieu in Los Angeles zu bleiben.

Am 22. 2. 1919 starb seine Frau Teddy, und mit ihr verlor er seinen letzten, wenn auch nicht besonders starken Halt. Er war ein gebrochener Mann; seine Familie beantragte die Einweisung in eine Trinkerheilanstalt, die er jedoch abwehren konnte. Seine Praxis war fast tot, und äußerlich war er von einem Vagabunden nicht mehr zu unterscheiden.

Darrow und Rogers – die so verschiedenen Männer[43] – kamen 1911 in Los Angeles zusammen, als Darrow die Verteidigung von zwei Angeklagten übernommen hatte, die beschuldigt waren, das „Times"-Gebäude in Los Angeles in die Luft gesprengt zu haben, wobei viele Menschen getötet und verletzt worden waren. Während Staatsanwaltschaft und Verteidigung noch miteinander verhandelten, wurde ein im Dienst Darrows stehender Privatdetektiv an einer Straßenecke in Los Angeles verhaftet, als er einem Angehörigen der vorgesehenen Jury einen größeren Geldbetrag, 500 Dollar, zusteckte. In der unmittelbaren Umgebung dieser Szene wurde Darrow selbst, an einer Straßenecke stehend, gesehen. Er wurde wegen Bestechung angeklagt und nahm sich Rogers als Verteidiger. Das Klima dieses Verfahrens war von Anfang an gespannt; die Hauptverhandlung dauerte nicht weniger als 90 Tage. Darrow verlor zeitweise völlig den Mut und bot im Gerichtssaal ein Bild des Jammers. Nach jedem Verhandlungstag stritten sich Darrow und Rogers über die am folgenden Tage einzuschlagende Taktik. Die Zeitungen in Los Angeles nannten den Prozeß den gewalttätigsten in der Geschichte von Südkalifornien. Staatsanwälte und Verteidiger beschimpften sich und wurden mehrfach vom Richter wegen „contempt of court" mit Geldstrafen belegt. Zuletzt hielt Darrow in eigener Sache eines seiner emotionalsten und bewegendsten Plädoyers, er sprach drei Stunden lang und rührte viele der Anwesenden zutiefst. Die Jury beriet 34 Minuten; ihre Mitglieder waren sich offen-

---

[43] Siehe: Middendorff, Clarence Darrow und Earl Rogers, in: Hamm, Hrsg., Festschrift für Werner Sarstedt, Berlin – New York 1981, 243 ff.

sichtlich schon vor Beginn der Beratung ihres Ergebnisses sicher gewesen, warteten aber noch, damit man ihnen nicht nachsagen könne, sie seien zu schnell zu ihrem Urteil gekommen. Das Urteil lautete auf „nicht schuldig", die Zuhörer brachen in Jubel aus, der Richter kam von seinem Platz herunter und umarmte Darrow mit den für uns schwer verständlichen Worten „Heute werden Millionen von Menschen Hallelujah rufen".

Die Staatsanwaltschaft klagte daraufhin Darrow wegen eines weiteren Falles von Bestechung an, und auch dieses Verfahren dauerte mehrere Monate und endete mit einer „hung jury". Insgesamt war Darrow gezwungen, rund zwei Jahre in Los Angeles zu bleiben, um dann als finanziell gebrochener Mann nach Chicago zurückzukehren.

Ob Darrow tatsächlich schuldig oder unschuldig war, wurde niemals mit Sicherheit erwiesen. Das Verhältnis zwischen Rogers und Darrow blieb von da ab gestört.

3. Jacob W. Ehrlich (1900–1972)

Jake Ehrlich wurde am 15. 10. 1900 auf einer Plantage bei Rockville im Staate Maryland als ältestes von sechs Kindern geboren, die sich alle zu extremen Individualisten entwickelten. Jakes Vater war ein jüdischer Pflanzer.

Schon im Alter von 12 und 13 Jahren begleitete Jake seinen Großvater zu den Gerichtstagen in Rockville, wo er fasziniert die Anwälte im Prozeß beobachtete, die große, spitze Hüte und lange Rockschöße trugen und eine gezierte Sprache benutzten. Am meisten beeindruckt war der Junge von dem Respekt, den die Bürger diesen gelehrten Herren entgegenbrachten[44].

Im Januar 1920 kam Ehrlich als Landstreicher in San Francisco an, mit nichts als dem fanatischen Glauben an sein Glück und dem brennenden Wunsch und rücksichtslosen Ehrgeiz, in der Stadt seiner Träume ein berühmter und reicher Anwalt zu werden und jedes Hindernis mit Härte zu überwinden. Abends studierte er Rechtswissenschaft, daneben war er Kutscher beim Wells-Fargo-Fuhrunternehmen, Angestellter bei der Eisenbahn, Geschirrwäscher und Preisboxer. 1922 wurde Ehrlich nach bestandenem Examen zur Anwaltschaft zugelassen. In den ersten Jahren hatte er hart zu kämpfen, zeitweise wurden ihm Gas und Wasser gesperrt, weil er die Rechnungen nicht bezahlen konnte. Wenn sich ein Klient angesagt hatte, besorgte sich Ehrlich schnell von einem älteren Anwalt, der sein Büro in demselben Gebäude hatte, einige juristische Bücher,

---

[44] Siehe auch: Middendorff, Jacob W. Ehrlich, ZStW 1981, 728 ff.

baute sie auf seinem Schreibtisch auf und täuschte Arbeit vor. Von seinen ersten Klienten verlangte er kein Honorar; später bekam er, wenn Polizeibeamte einen Verdächtigen verhaftet hatten, von den Beamten zuweilen einen Tip und teilte dann das Honorar des neuen Klienten mit den Beamten. In seinem ganzen Leben pflegte Ehrlich stets die Verbindung zur Polizei und verteidigte Polizisten und Angehörige der Justiz stets ohne Honorar. Außerdem war er später auch Rechtsberater der Berufsorganisation der Polizei; das alles hinderte ihn nicht, den einzelnen Polizeibeamten erbarmungslos ins Kreuzverhör zu nehmen, wenn dieser für die Anklage aussagte.

Von einem älteren Kollegen erhielt Ehrlich gelegentlich kleinere Vertretungen vor Gericht übertragen. Bei einer solchen Gelegenheit wunderte sich einmal der Richter, daß der ältere Anwalt ihm so einen „bartlosen jungen Mann" in den Termin geschickt habe. Ehrlich antwortete schlagfertig: „Euer Ehren, wenn Mr. Christensen gewußt hätte, daß Euer Ehren einem Bart solche Bedeutung beilegen, bin ich sicher, daß er Ihnen einen Ziegenbock geschickt hätte." Prompt erhielt der junge Anwalt eine Geldstrafe von 20 Dollar wegen „contempt of court"; bevor er aber gestehen konnte, daß er kein Geld in der Tasche habe, wurden ihm aus dem Zuhörerraum von allen Seiten Geldscheine zugesteckt.

Ehrlich sorgte während seines ganzen Lebens dafür, daß solche und ähnliche Anekdoten über ihn überall bekannt würden und befriedigte damit sein übersteigertes Geltungsbedürfnis. Er nannte sich selbst einen „kompromißlosen, arroganten und aggressiven Egotisten".

Ehrlich war immer bereit, ein Verteidigermandat zu übernehmen, beispielsweise auch, wenn er zufällig im Gericht bemerkte, daß ein Angeklagter ohne Verteidiger von einem übermächtigen Staatsanwalt bedrängt wurde. Er liebte es, von Anfang an einen bestimmenden Einfluß auf ein Strafverfahren zu nehmen, entsprechend dem Motto seiner Autobiographie „A Life in my Hands"[45].

Die Prostituierte Jean Collins rief Ehrlich einmal mitten in der Nacht an und sagte, sie habe soeben einen Mann, ihren „Freund", erschossen, und fragte, was sie tun solle. Ehrlich antwortete, sie solle auf der Stelle die Polizei anrufen, sagen, sie werde von Jake Ehrlich verteidigt und darüber hinaus jede Aussage verweigern. Als zwei Polizeibeamte am Tatort, einem Zimmer im 13. Stock eines Hotels, erschienen, berichtete Jean Collins nicht nur, sie werde von Jake Ehrlich verteidigt, sondern sie erzählte auch, der Getötete habe ihr gedroht, sie aus dem Fenster zu werfen. Einer der

---

[45] New York 1966; siehe auch: Noble/Averbuch, Never Plead Guilty, New York 1955.

Polizeibeamte, der Ehrlich gut kannte, öffnete darauf das Fenster und meinte, jetzt passe der Tatort besser zu ihrer Erzählung. Auf der Polizeistation wurde Ehrlich sofort von Zeitungsreportern nach der Persönlichkeit von Jean Collins gefragt, und ohne Zögern, und ohne zuvor mit seiner Mandantin gesprochen zu haben, erfand er eine rührselige Geschichte, nannte die Frau eine „weiße Sklavin", die von dem Getöteten über Jahre hinweg brutal geknechtet worden sei; immer wieder habe sie versucht, sich ihm zu entziehen, er aber habe sie nicht freigelassen. Mit dieser Erzählung legte Ehrlich bereits den Grundstein für seinen Erfolg.

Zu Ehrlichs bewährten, aber nicht allzu oft angewendeten Mitteln gehörte es, in der Beweisaufnahme gegen die strengen Regeln der Prozeßordnung zu verstoßen, wenn er sich davon eine Wirkung auf die Jury versprach. So ließ er sich im Fall der Jean Collins eine lebensgroße Puppe anfertigen, die den Getöteten darstellen sollte und die diesen wohl noch um einiges überragte, um zu zeigen, daß die Angeklagte, die angab, in Notwehr gehandelt zu haben, gegen ihren Angreifer keine Chance gehabt habe. Während der Zeugenvernehmung der Angeklagten wurde auf ein Zeichen von Ehrlich hin die Puppe von einem seiner Helfer durch eine Seitentüre in den Gerichtssaal gebracht und neben die kleine, schmächtige Angeklagte im Zeugenstuhl gestellt. Der Staatsanwalt protestierte sofort heftig, der Richter verbat sich diesen Unsinn und ließ die Puppe sofort wieder hinausschaffen, doch der Eindruck dieser Szene auf die Jury ließ sich nicht wieder rückgängig machen.

In ähnlicher Weise verfuhr Ehrlich mit Zeugen. Mit wichtigen Zeugen, die der Entlastung des Angeklagten dienen sollten, wurde das Verhör vorher Frage für Frage und Antwort für Antwort eingepaukt. Verstieß eine Frage gegen die Regeln, betraf sie beispielsweise einen Gegenstand, den der Zeuge nicht aus eigener Wahrnehmung, sondern vom Hörensagen bekunden sollte, wurde die Antwort verabredungsgemäß so schnell gegeben, daß der Protest der Staatsanwaltschaft zu spät kam und auch die Anweisung des Richters, Frage und Antwort aus dem Protokoll zu streichen, wenig nützte, da die Jury doch schon gehört hatte, was sie nicht hören durfte und was sich deshalb um so tiefer einprägte. Die Staatsanwaltschaft war in diesen wie in ähnlichen Fällen wenig erfreut über die Taktik von Ehrlich, und nicht selten wurde das Klima einer Hauptverhandlung so angeheizt, daß es sogar zum Faustkampf zwischen Staatsanwalt und Verteidiger kam, und der Richter die Streitenden trennen mußte.

Für Ehrlich konnte es eine Entscheidung über Leben und Tod eines Angeklagten bedeuten, ob er diesen als Zeugen in eigener Sache aussagen ließ und ihn damit auch dem Kreuzverhör durch den Staatsanwalt aussetzte. Im Fall der Jean Collins entschloß sich Ehrlich zu diesem Wagnis, und die Angeklagte hatte sich nach den genauen Anweisungen von

Ehrlich so gekleidet, als ob sie gerade aus einem Mädchenpensionat käme. Sie bestand ihre Prüfung; die Taktik Ehrlichs lief in diesem wie in anderen Fällen darauf hinaus, dem Opfer, das sich nicht mehr wehren konnte, die Schuld am Konflikt und seinem eigenen Tod aufzubürden. Als dann auch noch die Mutter des Getöteten die Angeklagte in freundlicher Weise anredete, war die Jury gerührt und sprach die Angeklagte frei.

Ehrlich unterhielt ein Zweigbüro in Chinatown, weil chinesische Klienten gerne in der gewohnten Umgebung ihres Stadtviertels blieben. In diesem Büro beauftragte die Familie von Louis Quan Ehrlich, Quan zu verteidigen. Dieser hatte den Hausfreund seiner Frau erschossen, und die Frau leugnete, intime Beziehungen zu dem Getöteten gehabt zu haben. Nachdem die Sippe Quans ein Honorar von 50 000 Dollar gezahlt hatte, wurde Ehrlich sehr aktiv. Er brach eines Nachts in die leere Wohnung der Quans ein – der Mann war in der Untersuchungshaft, die Frau war zu Verwandten gezogen – und untersuchte die Wohnung gründlich, viel gründlicher, als es die Polizei zuvor getan hatte. Auf einem Wandbrett fielen ihm acht Elfenbeinfiguren auf, von denen eine weniger verstaubt war als die anderen. In dieser Figur fand er zahlreiche Briefe, die Frau Quan von ihrem Geliebten erhalten hatte. Ehrlich nahm diese Briefe an sich und zeigte sie einem chinesischen Uhrmacher, einem seiner früheren Klienten. Dieser bestätigte ihm nach kurzem Einblick, daß die Briefe nicht nur ein Beweis für intime Beziehungen seien, sondern auch dafür, daß Frau Quan von ihrem Geliebten schwanger sei.

In der Hauptverhandlung gegen Quan hielt Ehrlich die Briefe in der Hand, tat so, als ob er sie lesen könne und bewegte auf diese Weise die Hauptzeugin der Anklage, Frau Quan, im Kreuzverhör dazu, alles zu sagen, was er wissen wollte. Als dann der Angeklagte noch als Zeuge in eigener Sache unter Tränen schilderte, wie seine Frau den Haushalt vernachlässigt hatte und wie die Kinder den Vater um Brot hätten bitten müssen, war die Jury erweicht, und der Angeklagte wurde freigesprochen. Das chinesische Sippengericht verurteilte ihn anschließend zu einer Geld-strafe von 600 Dollar.

Bis April 1954 verteidigte Ehrlich in 55 Mordfällen; 41 seiner Klienten wurden freigesprochen, die übrigen wegen eines geringeren Deliktes als des angeklagten verurteilt.

Eine Klientin besonderer Art war über lange Jahre Sally Stanford, die in vornehmer Gegend San Franciscos ein teures Bordell betrieb, das wäh-rend der Gründungsversammlung der Vereinten Nationen im Jahre 1945 eine Blütezeit erlebte. In ihren Lebenserinnerungen hat sich Sally Stanford sehr kritisch über Ehrlich geäußert; Ehrlich zögerte nicht, diese Äußerun-gen in seine Autobiographie zu übernehmen. So schrieb sie über ihn, niemand habe ihn je der Bescheidenheit, der Toleranz, der Demut und der persönlichen Rechtschaffenheit bezichtigt. Als Honorar habe er seinen Klienten alles abgenommen, was diese besaßen, sie seien aber doch wohl mit der Vertretung durch ihn zufrieden gewesen. Wer Jake Ehrlich engagiere, befinde sich schon zu zwei Dritteln auf dem Wege zum Freispruch[46].

1949 wurden die Schwierigkeiten für Sally Stanford zu groß, teils durch die Polizei, teils durch die Alkoholbehörde oder auch durch neu nach San Francisco gekommene fundamentalistische Prediger, die die Stadt nicht kannten und gegen das Laster wetterten. Sie zog sich nach Sausalito, einem Ort nördlich der Golden Gate Bridge, zurück und eröffnete dort das Restaurant „Walhalla", das bald zu den besten in Kalifornien gehörte. Außerdem wurde sie in den Stadtrat und später zur Bürgermeisterin von Sausalito gewählt. 1980 im Herbst lernte ich sie, schon gebrechlich und im Rollstuhl sitzend, in ihrem Restaurant kennen, als sie gerade mit ihren Gästen den Sieg des früheren Gouverneurs von Kalifornien, Ronald Reagan, feierte, der soeben zum Präsidenten der USA gewählt worden war. Im Februar 1982 starb Sally Stanford im Alter von 78 Jahren und hinterließ ein Vermögen von schätzungsweise 20 Millionen Dollar.

4. Percy Foreman (1902–1988)

Von den Strafverteidigern der jüngeren Zeit war der Texaner Percy Foreman einer der berühmtesten und farbigsten, der letzte einer aussterbenden Gattung von Volkshelden der Strafgerichte „mit einem oder zwei Tricks im Ärmel"[47]. Foreman wurde als Sohn eines Sheriffs geboren und hatte zur Hälfte indianisches Blut. Er wurde selbst mehrfach z. B. wegen Zeugenbestechung oder Ehebruchs angeklagt, aber niemals verurteilt. 1966 verteidigte Foreman in Florida den 24jährigen Mel Powers, der angeklagt war, zusammen mit seiner Tante und Geliebten Candy Mossler, 47, deren 69jährigen Ehemann ermordet zu haben. Die Hauptverhandlung dauerte 34 Tage, Foremans Schlußplädoyer zog sich über fünf Stunden hin, die Jury beriet 16 Stunden und verkündete dann einen Freispruch. Foremans Honorar betrug 2 Millionen Mark, das aus dem Erbe des Ermordeten in Höhe von 116 Millionen Mark gezahlt wurde. Candy Mossler brachte dieser Freispruch wenig Glück, denn ihr Verhältnis zu Powers ging bald in die Brüche, und auch eine neue Ehe scheiterte. Im November 1976 wurde sie in Miami Beach nach übermäßigem Drogengenuß tot aufgefunden.

---

[46] Stanford, The Lady of the House, New York 1966, 97.
[47] Dorman, King of the Courtroom: Percy Foreman for the Defense, New York 1969, XII.

Schon vier Tage nach dem Freispruch der beiden Angeklagten habe ich
in New York den Bericht über diesen Prozeß kaufen können[48]. Mit
meinen Studenten an der New York University besprach ich dann diesen
Fall, und wir kamen ziemlich übereinstimmend zu dem Schluß, daß es des
teuren Einsatzes von Percy Foreman eigentlich nicht bedurft hätte, weil
die Belastungsmomente doch sehr schwach waren.

Im März 1969 verteidigte Foreman James Earl Ray, der Martin Luther
King ermordet hatte. Foreman meldete sich zu Wort und sagte dem
Richter, der Angeklagte habe die Absicht, sich schuldig zu bekennen,
wenn er dafür nur eine Freiheitsstrafe von 99 Jahren erhalten werde. Der
Richter fragte den Angeklagten, ob er damit einverstanden sei und ob sein
Verteidiger ihm alles genau erklärt habe, insbesondere, ob er sich darüber
im klaren sei, daß er eigentlich das Recht habe, die Aburteilung durch eine
Jury zu verlangen, daß aber bei einer Verurteilung wegen Mordes auch ein
Todesurteil verhängt werden könne. Weiter wurde der Angeklagte
gefragt, ob irgend jemand irgendeinen Druck auf ihn ausgeübt habe, daß
er auf eine eingehende Hauptverhandlung verzichte und sich schuldig
bekenne. Der Angeklagte verneinte dies. Daraufhin verurteilte ihn der
Richter zu 99 Jahren Zuchthaus.

Mit diesem „Geschwind-Urteil", diesem „Geschäft auf Gegenseitig-
keit" („Der Spiegel") war niemand recht einverstanden, nur der Verteidiger sagte, er hätte nie mehr erhofft, als Ray das Leben zu retten. Die
„New York Times" nannte dieses abgekürzte Verfahren „einen schockie-
renden Vertrauensbruch gegenüber dem amerikanischen Volk", das ein
Recht habe, alle Tatsachen zu erfahren. Insbesondere fehle eine Antwort
auf die Frage, ob es ein Komplott zur Ermordung von Martin Luther
King gegeben habe. Der Richter äußerte, es gebe keine Anhaltspunkte für
irgendwelche Mittäter.

Im selben Monat noch nahm sich Ray einen neuen Verteidiger und
erklärte, sein Schuldgeständnis sei erpreßt worden. In Wirklichkeit sei er
an der Ermordung Kings unschuldig. Das Oberste Gericht von Tennessee
entschied, daß das Urteil nicht geändert werden könne, auch nicht, wenn
der Verurteilte von seinem Verteidiger vielleicht falsch beraten worden
sei.

Es tauchte eine Reihe von Spekulationen auf, ob nicht tatsächlich doch
eine Verschwörung vorgelegen habe; die wahrscheinlichste Erklärung für
das Verhalten von Ray liegt aber wohl in dessen starkem Geltungsbedürf-

---

[48] Holmes, The Candy Murder Case, New York 1966.

nis, aus dem heraus er auch seine Verteidiger wechselte und immer wieder versuchte, Aufsehen zu erregen[49].

Foreman war sehr vielseitig, er war ordinierter Baptistengeistlicher, lehnte aber weltliche Reichtümer keineswegs ab und war bekannt dafür, daß er nicht nur Geld, sondern alle möglichen Wertgegenstände als Honorar annahm. In Houston wurde einmal in einem Presseclub die folgende Parodie auf Foreman vorgetragen:

> „Schuldig oder unschuldig, ist für ihn kein Unterschied.
> Er hat ganze ‚Warenlager‘ voller Juwelen,
> er hat Villen und Swimming Pools...
> Hast Du Deinen Ehemann erschossen
> oder Deine Schwiegermutter noch dazu,
> dann überprüfe besser Dein Bankkonto;
> sei sicher, daß viel Geld darauf ist...
> ‚Percy Boy‘ ist ‚König der forensischen Szene‘.“

5. F. Lee Bailey (geboren 1933)

F. Lee Bailey hat einen Intelligenzquotienten von 165. Er ist, wie viele seiner Kollegen, ein Einzelgänger und arbeitet nicht gerne mit anderen zusammen. Als Verteidiger liebt er es, bis an die Grenze des Möglichen und Erträglichen zu gehen und sagt von sich, er sublimiere seine Aggressionen im Gerichtssaal. Mit seinen Angeklagten identifiziert er sich sehr und hat z. B. von seinem Privatvermögen 50 000 Dollar aufgewendet, um den Arzt Dr. Sheppard aus dem Zuchthaus zu holen. Sheppard war 1954 wegen Mordes an seiner Frau zu lebenslanger Freiheitsstrafe verurteilt worden, 10 Jahre später wurde er freigelassen und in einem Wiederaufnahmeverfahren 1966 freigesprochen. Den Weg zurück in ein bürgerliches Leben fand er allerdings nicht mehr[50].

Bailey ist ein Motornarr, die Zahl seiner Strafanzeigen für Verkehrsverstöße ist kaum zu überblicken. Mit 21 Jahren hatte er sein erstes Flugzeug und fliegt heute selbst seine Düsenmaschine ruhelos von Termin zu Termin. Im Januar 1971 kaufte er eine Hubschrauber-Firma, übt jedoch seinen Anwaltsberuf weiter aus. Sein Biograph schreibt, Bailey könnte ein Darrow sein, hielte ihn nicht die falsche Welt in ihren Klauen[51].

Einer von Baileys großen Fehlschlägen war die Verteidigung im Prozeß gegen die Millionärstochter Patty Hearst 1976 in San Francisco. Patty Hearst war angeklagt, sich an einem Bankraub beteiligt zu haben. Baileys

---

[49] Hierzu: Middendorff, Martin Luther King, Attentate in den USA (3), Polizei Digest, 3, 1981, 166–167.

[50] Holmes, Retrial: Murder and Dr. Sam Sheppard, New York 1966.

[51] Les Whitten, F. Lee Bailey, New York 1971, 235.

Verteidigungsstrategie zielte darauf ab, der Jury klar zu machen, daß die Angeklagte durch unmittelbaren körperlichen Zwang und stete Bedrohung mit dem Tod zu dem Banküberfall getrieben worden sei, daß sie aber auch psychisch gezwungen und so manipuliert worden sei, daß dies einer Gehirnwäsche gleichkomme.

Die Auswahl der Jury dauerte viereinhalb Verhandlungstage; die Staatsanwaltschaft lehnte z. B. einen pensionierten Offizier der Marine ab, weil dieser im Korea-Krieg vielleicht einiges über Gehirnwäsche erfahren hatte. Schließlich bestand die Jury aus sieben Frauen und fünf Männern, die anschließend während 66 Tagen von der Außenwelt isoliert wurden. In 39 Verhandlungstagen wurden 66 Zeugen gehört und etwa 1000 Beweisstücke in die Hauptverhandlung eingeführt.

Höhepunkte des Prozesses waren die Auftritte der Sachverständigen, die sich zu der Frage zu äußern hatten, ob die Angeklagte mit freiem Willen am Banküberfall teilgenommen habe oder durch Gehirnwäsche zum willenlosen Werkzeug gemacht worden sei. Die zwei Sachverständigen der Anklage kamen zu dem von der Staatsanwaltschaft gewünschten Ergebnis, daß die Angeklagte einwandfrei schuldig sei; die drei Sachverständigen der Verteidigung kamen genauso selbstverständlich zum entgegengesetzten Ergebnis. Heute wissen wir, daß die Laienrichter zu Beginn des Prozesses in ihrer Mehrheit geneigt waren, die Angeklagte freizusprechen, daß sie dann aber allmählich mißtrauisch wurden und die Weisheiten der Sachverständigen in ihrer Beratung überhaupt nicht diskutierten, sondern sich an viel einfachere Tatsachen hielten. Die Jury beriet 12 Stunden und sprach dann die Angeklagte schuldig. Nach einigem Hin und Her wurde Patty Hearst zu 7 Jahren Freiheitsstrafe verurteilt und Ende Januar 1979 von Präsident Carter begnadigt.

Nach dem Prozeß fielen harte Urteile über die Sachverständigen. Eine erfahrene Gerichtsberichterstatterin wollte Dante korrigieren und meinte, wenn Dante Psychiater gekannt hätte, würde er sie in seiner „Göttlichen Komödie" in einen noch tieferen Höllenkreis verbannt haben als die Juristen.

Die Öffentlichkeit reagierte in Leserzuschriften mit ähnlichen Vorwürfen; so wurde an eine alte Mafia-Geschichte erinnert, in der ein Mafia-Boß jeden, der sich bei ihm um eine Stelle als Buchhalter bewirbt, fragt, wieviel zwei und zwei seien. Derjenige erhält schließlich den Posten, der auf diese Frage nicht antwortet „vier", sondern: „soviel, wie Sie wollen"[52].

---

[52] Siehe: Middendorff, Das Stockholm-Syndrom, in: Petersohn/Weckert/ Glöckner, Hrsg., Manipulation aus kriminologischer Sicht, Heidelberg 1981, 49 ff.

6. Melvin M. Belli (geboren 1907)

Melvin M. Belli ist wohl der bizarreste unter den modernen amerikanischen Staranwälten und auch einer der finanziell erfolgreichsten. In dem überaus farbigen Spektrum der amerikanischen Anwälte und Strafverteidiger stehen wohl Abraham Lincoln und Melvin Belli an den äußersten Polen. Belli hat ein geschätztes Durchschnittseinkommen von einer Million Dollar im Jahr, er läßt sich von einem New Yorker Public-Relations-Büro vermarkten und scheut sich auch nicht, für Whisky-Sorten zu werben, was ihm allerdings ein Verfahren der Anwaltskammer eingetragen hat. Sein Büro in der Montgomery Street in San Francisco ist mit antiken Möbeln ausgestattet und wird von Stadtrundfahrten wie ein Aussichtspunkt besucht; zuweilen kann man dann den Anwalt hinter einer großen (Schaufenster-)Scheibe arbeiten sehen. Mit 80 Jahren trennte er sich gerade von seiner um 39 Jahre jüngeren fünften Ehefrau.

Belli hat in seinem Leben weniger Strafverteidigungen durchgeführt als die anderen genannten Verteidiger. 1963 verteidigte er in Dallas, Texas, den Barbesitzer Jack Ruby, der den Kennedy-Attentäter Lee Harvey Oswald erschossen hatte. Ruby wurde zum Tode verurteilt und starb einige Zeit später im Gefängnis. Nach dem Urteilsspruch beschimpfte Belli die Jury in hemmungsloser Weise[53].

1967 verteidigte Belli in Stuttgart einen Unteroffizier der amerikanischen Armee, der vor einem Militärgericht wegen der Beschuldigung stand, einen deutschen Bierfahrer angeschossen zu haben, der drei Tage später seinen Verletzungen erlag. Belli machte im Kreuzverhör einen Zeugen, den Arzt, der den Verletzten behandelt hatte, zum eigentlichen Schuldigen und brachte diesen dermaßen in Verwirrung, daß der Arzt nicht ausschloß, den Verletzten falsch behandelt zu haben. Der Unteroffizier wurde vom Vorwurf der vorsätzlichen Tötung freigesprochen.

Das Schwergewicht der Tätigkeiten Bellis liegt auf Schadensersatzprozessen; so vertrat er beispielsweise die Witwen verunglückter Starfighter-Piloten und erstritt für sie von amerikanischen Versicherungsgesellschaften insgesamt 1,2 Millionen Dollar, von denen ihm selbst dann 400 000 Dollar als Honorar zuflossen. Belli sagt am Schluß seiner Autobiographie, er habe sein Leben gelebt und hoffe, dies noch einige Jahre weiter zu tun – von Idealismus oder moralischen Prinzipien ist nicht die Rede[54].

[53] Bobsin, König des Kreuzverhörs, Bergisch Gladbach 1974, 180.
[54] Belli, My Life on Trial, New York 1977.

V. Die weitere Entwicklung der amerikanischen Anwaltschaft

Betrachtet man die weitere Entwicklung der amerikanischen Anwaltschaft, so zeichnen sich im Zivil- und Strafprozeß drei Tendenzen ab. Die
erste ist die Auswucherung der Schadensersatzklagen, in denen es oft um
zum Teil hohe Millionenbeträge geht, an denen der klagende Anwalt mit
einem gewissen Prozentsatz beteiligt ist. Juries in Zivilprozessen sind oft
geneigt, den Klägern sehr hohe Beträge zuzubilligen, wenn die Beklagte
eine große Versicherungsgesellschaft ist oder wenn es um die Haftung des
Staates geht.

Zum zweiten vermeiden immer mehr Strafverteidiger eine Hauptverhandlung mit einer Jury, weil dies zu zeitraubend und zu kostspielig ist,
und die Ergebnisse oft nicht vorhersehbar sind. Der Verteidiger versucht
daher in immer größerem Umfang, mit der Staatsanwaltschaft einen
Handel abzuschließen, wonach der Angeklagte auf die Jury verzichtet,
sich eines minderen als des angeklagten Deliktes schuldig bekennt und
vom Richter dann eine entsprechend mildere Strafe erhält. Man schätzt,
daß heute 90 bis 95 Prozent aller amerikanischen Strafverfahren auf diese
Weise erledigt werden, wobei nicht auszuschließen ist, daß auch Unschul-
dige sich für ein Delikt als schuldig bekennen, um den Unwägbarkeiten
einer Hauptverhandlung mit Jury zu entgehen[55].

Als drittes ist zu erwähnen, daß immer mehr Frauen Jura studieren und
Prozeßanwälte werden. 1869 wurde die erste Frau in den USA zur
Anwaltschaft zugelassen, heute sind zwischen 12 und 14 Prozent der rund
700 000 amerikanischen Anwälte Frauen, unter den Studenten der Rechtswissenschaft stellen die Frauen mehr als ein Drittel. Es gibt schon eine
Reihe von Beispielen dafür, daß Frauen genauso hart und listenreich zu
kämpfen wissen wie ihre männlichen Kollegen und sich rücksichtslos für
ihre Mandanten einsetzen[56].

Schluß

Max Alsberg schrieb 1928 ein Vorwort zu dem von Henri-Robert
herausgegebenen Buch „Die großen Prozesse der Weltgeschichte"[57] und
sagt in diesem Vorwort, die Darstellung berühmter Prozesse sei ein
wertvolles Bildungsmaterial für den praktischen Juristen, insbesondere
auf dem Gebiet der praktischen Psychologie. Fallsammlungen oder Ein-

---

[55] Blumberg, Anwälte mit Überzeugungen, Der Strafverteidiger, 2, 1988, 79.
[56] Time, 30.5.1983; siehe auch Warsaw, Hrsg., Women Trial Lawyers: How
they succeed in practice and in the courtroom, Englewood Cliffs, N.J. 1987.
[57] Berlin 1928.

zeldarstellungen von Kriminalfällen sind Legion, sie behandeln fast aus-
schließlich Mordfälle und kommen damit nicht nur dem Sensationsbe-
dürfnis der Leser entgegen, sondern erhellen häufig neben der Persönlichkeit der Täter auch die Zeitumstände. Die meisten derartigen Darstellun-
gen kommen aus England und den USA; für die USA gilt in besonderem
Maße das Wort des Historikers Frederik W. Maitland: „Doch wenn mir
eine Fee die Macht verliehe, eine Szene ein und derselben Art in jeder
historischen Zeit und in jedem Volk zu sehen, so würde ich einen
Mordprozeß wählen, denn ich glaube, daß er mir viele Hinweise auf
zahlreiche Gebiete von allergrößter Wichtigkeit geben würde[58]."

Zu den Kriminalprozessen gehören die Akteure, die das Prozeßgesche-
hen gestalten, die Richter, Staatsanwälte und Verteidiger. In der Gegenwart beklagt Kornstein, daß in den USA der Stellung und der Tätigkeit
der Rechtsanwälte in der rechtshistorischen Literatur allzu wenig Auf-
merksamkeit geschenkt werde[59]. Das Material über die Strafverteidiger
und ihre Prozesse stammt häufig von meist seriösen Journalisten und
Gerichtsberichtern.

In Deutschland haben in der Vergangenheit weder Rechtshistoriker
noch Journalisten den Akteuren des Strafprozesses die gebührende Beach-
tung gewidmet, was bezüglich der Strafverteidiger damit zusammenhängt,
daß der amerikanische Parteiprozeß soviel mehr sensationelles Material
produziert. Neben einigen älteren Verteidigerbiographien ist indessen
eine Arbeit über die Rechtsanwälte als Strafverteidiger im Nationalsozia-
lismus hervorzuheben, sie bietet biographisches Material beispielsweise
über den schon in der Weimarer Republik hervorgetretenen Rechtsanwalt
Alfons Sack[60].

Es ist notwendig, immer wieder auf diesen unbefriedigenden Wissens-
stand hinzuweisen und anzuregen, auch bei uns die großen Prozesse der
Vergangenheit mehr als bisher darzustellen, aber auch ein Schwergewicht
auf Persönlichkeit und Wirken der Strafverteidiger zu legen. Die Erfah-
rungen der Vergangenheit können zum Nutzen der Rechtswissenschaft,
der Rechtsgeschichte und der Kriminologie und ganz besonders zum
Nutzen der täglichen Strafrechtspflege dienen.

---

[58] Middendorff, Materialien zur Geschichte des Verbrechens in den USA, in:
Mergen/Schäfer, Hrsg., Kriminologische Wegzeichen, Hamburg 1967, 246 ff.;
Gooch, Geschichte und Geschichtsschreiber im 19. Jahrhundert, Frankfurt 1964,
417 ff.

[59] Kornstein a. a. O., 1.

[60] König, Vom Dienst am Recht, Berlin – New York 1987, 74 ff. und 161 ff.